THÈSE

DE

LICENCE.

ACTE PUBLIC

POUR

LA LICENCE

En exécution de l'Article 4, Titre 2; de la Loi du 22 Ventôse an XII.

SOUTENU

Par M. CASTERA (Emile-Louis),

Né à Navarrenx (Basses-Pyrénées).

TOULOUSE,

Typographie Troyes OUVRIERS RÉUNIS,
Rue Saint-Pantaléon, 3.

1858.

MEIS.

AMICIS.

Jus Romanum.

De condemnatione in id quod facere potest debitor.

Dig. Lib. XLII, Tit. I, L. 19, § 1. — Lib. L, Tit. XVII, L. 173. — Inst. Just. Lib. IV, Tit. VI, §§ 37, 38, 40.

Solidum quod sibi debetur omnibus modis persequi potest creditor. Illo tamen principio temperamentum, humanitatis causâ, acceptum est. In solidun enim multi sunt qui non condemnantur, sed tantum in id quod facere possunt, id est, quatenùs eorum facultates patiuntur.

Utebatur hoc privilegio debitor singulari exceptione, quâ minuebatur condemnatio duntaxat in id quod facere potest.

Sæpe in scriptis invenitur illa exceptio sub nomine exceptionis *quod facere potest* : Commentatores autem illam *beneficium competentiæ* appellant.

Nunc inquirendum est :

De formâ et naturâ hujus beneficii ;

Quibus conditionibus ;

Quibus personis conceditur ;

Et deniquè , de illorum verborum significatione : in id quod facere potest.

I.

Cùm vigebant formulæ , his verbis illa manifestabatur exceptio : Aulo Agerio Numerium Negidium duntaxat in id quod facere potest condemna.

Si ille , cui hoc competit beneficium , in solidum solvit , non opposità exceptione, nullam per condictionem indebiti repetitionem habebit. Attamen si hanc ante judices defensionem opposuit debitor , atque illi , hâc contemptâ , reum in solidum condemnaverunt , reus doli exceptione uti potest.

Dilatoria et temporalis sæpius est illa exceptio, non autem peremptoria et perpetua. Rei enim si facultates postea augentur , si industriâ vel fortunâ bona acquirit , quod debet solvere in solidum condemnabitur.

. Hujus beneficii propria natura est personæ cohærere. Non transit ad hæredes : « Sciendum est , enim , hæredes earum personarum non in id quod facere possunt , sed in integrum teneri. » (Dig. 42 , tit. 1 , l. 25.) Nusquam fidejussoribus competit , nam « exceptiones , quæ personæ cujusquæ cohærent, non transeunt ad alios. » (Dig. 40 , tit. 1 , l. 7.)

II.

Hoc beneficium habitur gratia reo tributa , sive humanitatis causâ, sive ob reverentiam illi debitam , sive ob ejus meritum. Semper igitur agere dolo malo interdictum est cui utilitatem hujus privilegii percipere vult ; sic, debitor qui partem bonorum , fraudatis creditoribus, vendit, nusquam de hoc fruitur.

Idem dicendum est de eo qui ad pactionem non bonâ fide venit ;

sicuti, is qui sibi dat in contractu, conditionem propter quam privilegium conceditur, cum non habet; nam bona fides est conditio sine quâ nemini succurrendum est.

III.

Sunt multi qui in id quod facere possunt conveniuntur; scilicet :

1º Parens, nostri parentis liberi, id est, fratres nostri;

2º Patronus patronave, liberique eorum et parentes. Is quoque, qui ex causâ donationis convenitur, hoc beneficio fruitur : et quidem is solus deducto ære alieno;

3º Item maritus de dote. Si de dote judicio mulier agat adversus maritum, ille condemnari debet quatenus facere potest, id est, quatenus facultates ejus patiuntur. Itaque, si quantitati dotis facultates concurrant, in solidum damnatur; si minùs, in tantum quantum facere potest. Retentio tamen ob impensas in res dotales factas marito concessa est, quia ipso jure necessariis sumptibus dos minuitur.

Non tantum dotis nomine marito hoc privilegium tribuitur; sed etiam, ex aliis contractibus inter uxores conventis in quantum facere potest condemnandus est, sicuti apparet ex divi Pii constitutione; his tamen exceptis qui ex delicto nascuntur.

4º Socius cum socio, judicio societatis agens, non magis consequitur quam facere potest adversarius; nam, ut dixit Ulpianus, fratres videntur.

5º Item miles qui sub armata militia stipendia meruit, quia bene de Republicâ meritus est.

6º Item denique qui bona creditoribus cesserunt; item filius emancipatus, item exhæredatus; sed hi tantum, si de eo quod ab iis contractum est conveniantur, cùm essent sub alienâ potestate.

IV.

Videamus nunc quid significare possunt hæc verba : *in id quod facere potest.*

Illa strictè accepta nihil aliud significarent quàm debitoris omnium bonorum , omnium facultatùm spoliationem. Nec talis fuit legislatoris animus , nec tam strictè concipi debent hæc verba. Nam in Digestorum libris dicitur : « In condemnatione personarum quæ in id quod facere possunt damnantur, non totum quod habent extorquendum est , sed et ipsa ratio habenda est *ne egeant.* (Dig. 50 , tit. 17 , l. 1.73.) Judex igitur, qui reum condemnat in id quod facere potest , omnia quæ ad vitam et alimenta necessaria sunt illi relinquere debet. Nec hoc immerito ; nam , cui non competit beneficium competentiæ debitor , ut solvat, postulante creditore , congicitur in carcerem : sed hoc in loco illi alimenta à creditore præbenda sunt.

Hic tamen felicior esset quam qui beneficio fruitur , et privilegium noceret ; nam cui lex vult favere alimenta quærere cogeretur mendicitate , malis artibus , vel alio turpi modo. Hæc noluit legislator et beneficio competentiæ infelici reo facultatem præbuit honestè et salvâ dignitate vivendi.

QUÆSTIONES.

I. An si cum socerò ex promissione dotis agatur , in id quod facere potest damnandus sit ?

Si a socero dos ex promissione petatur, soluto matrimonio , in solidum damnetur. Verum si , manente matrimonio , dos ab eo petatur , succurrendum ei est, ut ne majoris summæ condemnetur quam quantum facere potest.

II. Fruitur-ne beneficio competentiæ socius qui se socium esse negat ? — Non fruitur.

Code Napoléon.

Liv. III, Tit. II, Chap. VIII et IX.

Des dispositions faites aux époux ou entre époux par contrat de mariage ou pendant le mariage.

(Articles 1081 à 1100.)

Le législateur, dans le but d'encourager les mariages, a dispensé de certaines formalités les libéralités faites aux époux ou entre époux : il a même admis, en faveur de ces dispositions des règles spéciales moins rigoureuses que les règles établies pour les donations ordinaires.

Le Code les divise en deux classes : 1o donations faites par contrat de mariage aux époux, et 2o donations faites par l'un des époux à l'autre, soit par contrat de mariage, soit pendant le mariage.

CHAPITRE PREMIER.

Donations faites aux époux par contrat de mariage.

Les donations en faveur du mariage peuvent comprendre des biens présents (art. 1081) ; des biens à venir (art. 1082 à 1083) tout à la fois des biens présents et à venir (art. 1084), et enfin , être faites sous conditions potestatives de la part du donateur (art. 1086.)

§ 1er. — *Donations de biens présents.*

Toute donation entre-vifs de biens présents , quoique faite par contrat de mariage aux époux ou à l'un d'eux , est soumise aux règles générales prescrites pour les donations ordinaires. Ainsi , la donation de biens présents faite par contrat de mariage est irrévocable ; si elle comprend des objets mobiliers , un état estimatif de ces objets doit être annexé à la minute de l'acte qui la constate ; si elle a des immeubles pour objet , elle doit être transcrite ; de plus , elle est réductible quand elle dépasse la quotité disponible.

Cette donation n'est pas soumise à toutes les règles prescrites par les donations ordinaires , mais seulement aux règles générales , comme nous l'indique l'art. 1081.

Voici celles qui lui sont particulières : elle ne peut être annulée pour défaut d'acceptation , parce que l'acceptation se trouve suffisamment manifestée par la réalisation même du mariage. Elle est toujours supposée faite sous la condition de mariage, et devient caduque , si le mariage ne s'ensuit pas ; enfin , elle ne peut être résolue pour cause d'ingratitude.

La donation de biens présents en faveur du mariage ne peut être faite au profit d'une personne qui n'est pas encore conçue, et par conséquent au profit des enfants à naître du mariage. Cependant la loi permet au donateur qui veut leur assurer le bénéfice de sa libéralité , de stipuler une subtitution à leur profit. Remarquons toutefois que cette faculté n'est accordée qu'au père ou à la mère, au frère ou à la sœur de l'époux donataire (art. 1048 , 1049.)

Le donateur est dessaisi par cette donation comme par toute autre donation entre-vifs ; en sorte que le donataire venant à décéder avant le donateur, les objets donnés sont transmis en propriété, non-seulement aux enfants du donataire, mais encore à ses collatéraux, s'il ne laisse pas d'enfants. Le donateur est absolument dépouillé, s'il ne s'est ménagé une ressource dans la stipulation de retour.

§ 2. — *Donations de biens à venir ou institutions contractuelles.*

La donation de biens à venir, qu'on nomme aussi institution contractuelle, parce qu'elle confère un droit de succession qui ne s'ouvre qu'au décès du donateur, sous la condition de survie, et qu'elle est faite par contrat, peut comprendre, soit l'universalité des biens que le donateur laissera à son décès, soit une fraction de cette universalité, soit enfin une valeur déterminée. Elle est donc tantôt universelle, tantôt à titre universel, tantôt à titre particulier.

L'art. 1082 nous révèle un caractère particulier de la donation de biens à venir. D'après la teneur de cet article, cette donation est irrévocable sous certains rapports, révocable sous certains autres : irrévocable en ce sens seulement que le donateur ne peut plus disposer à titre gratuit des objets compris dans la donation, si ce n'est pour sommes modiques, à titre de récompense ou autrement ; révocable en ce sens qu'elle laisse au donateur le droit de disposer de ses biens à titre onéreux et par conséquent de les vendre, de les aliéner, de les hypothéquer. Cette donation est révocable par survenance d'enfants du donateur, comme les donations purement entre-vifs.

L'institution contractuelle, dépouillant le donateur d'un droit fort important, puisqu'elle lui enlève la faculté de disposer à titre gratuit, ne peut être faite que par une personne capable d'aliéner au moment de sa formation. Il ne suffit pas d'avoir la capacité de disposer par testament, la loi exige que le disposant soit capable de donner, par acte entre-vifs. Ainsi, le mineur âgé de plus de seize ans, la femme mariée non autorisée, quoique capables de tester, ne peuvent disposer de leurs biens d'institution contractuelle.

La donation de biens à venir étant une dérogation au droit commun, ne peut être faite qu'au profit des personnes expressément mentionnées dans la loi. Ces personnes sont : 1o les futurs époux ; 2e les enfants à naître du mariage. Par enfants à naître du mariage, la loi ne comprend que les enfants à naître du mariage en considération duquel la donation est faite ; d'où il résulte que les enfants que l'un des époux à eus d'un précédent mariage ne peuvent être institués contractuellement.

Contrairement au droit commun, la loi permet de faire cette institution au profit des enfants à naître du mariage, c'est-à-dire au profit de personnes non encore conçues, sous la condition cependant que les enfants ne seront point institués principalement et à l'exclusion de leur père et mère. Ils ne peuvent donc être institués qu'au second degré, comme substitués à leur père ou à leur mère donataire direct.

Toute donation de biens à venir faite purement et simplement, soit à l'un des futurs époux, soit aux deux époux conjointement, est présumée faite en faveur des enfants à naître. Le donateur peut toutefois restreindre aux futurs époux l'effet de l'institution contractuelle ; mais il doit avoir soin de s'en expliquer formellement. La substitution ne peut jamais avoir lieu qu'en prévision du prédécès de l'époux ou des époux donataires.

Le donataire de biens à venir ne contribue point aux dettes du donateur, lorsque la donation est à titre particulier. Est-elle universelle, il les supporte toutes, mais seulement *intra vires bonorum*. Le donataire prend dans les dettes d'une donation à titre universel une portion égale à la portion active qui lui est attribuée dans les biens ; il n'en est également tenu que dans la limite de son émolument.

§ 3. — *Donation cumulative de biens présents et à venir.*

La donation cumulative de biens présents et à venir n'est ni une donation de biens présents, ni une donation pure et simple de biens à venir. C'est une donation *sui generis*, une variété de la donation à venir, dont le caractère principal est la divisibilité, en ce sens qu'elle attribue au donataire la faculté de s'en tenir aux biens existants au temps où elle a été faite, ou bien de prendre les biens tels qu'ils se trouvent au jour du décès du donateur. On peut donc la définir : une donation de biens à venir, avec faculté pour le donataire de la transformer lors du décès du donateur en une donation de biens présents.

Les effets de cette donation varient suivant que le donataire prend les biens tels qu'ils se trouvent au jour du décès du donateur, ou qu'il s'en tient aux biens existants au temps où elle a été faite.

Dans la première hypothèse, la donation est considérée comme donation pure et simple de biens à venir ; d'où il résulte que le donataire est tenu *intrà vires* de payer toutes les dettes et charges créées par le donateur, même celles postérieures à la donation, et de plus de respecter les aliénations à titre onéreux faites par le défunt, lors même qu'elles auraient eu pour objet des biens présents.

Dans la deuxième hypothèse, les choses se passent comme si la donation était une véritable donation de biens présents. Dans ce cas, le donataire n'est tenu que des dettes et charges existantes au temps de la donation : il est même dégagé de l'obligation de respecter les aliénations soit à titre gratuit, soit même à titre onéreux des biens dont le donateur était propriétaire au moment de la donation.

Cependant ce droit d'option est soumis à certaines conditions : ainsi, il ne peut être exercé, s'il n'est annexé à l'acte de donation un état des dettes et charges du donateur existantes au jour de la donation. Le défaut de cet état oblige le donataire à accepter ou à répudier la donation pour le tout. Indépendamment de l'état des dettes et lorsque la donation comprend des objets mobiliers, il doit être annexé à l'acte de donation un état estimatif des meubles appartenant au donateur au moment de la donation. L'absence de cet état n'empêche pas que la donation soit valable comme donation cumulative de biens présents et à venir ; mais elle ne vaut à ce titre que pour les immeubles : si donc le donataire usant de son droit d'option, transforme la donation cumulative en donation de biens présents, les meubles n'y sont point compris. En effet, aux termes de l'art. 948, les donations de meubles ne sont valables qu'autant qu'il est annexé à la minute de l'acte où elles sont écrites un état estimatif des objets qu'elles comprennent.

Cette donation peut être faite tant au profit des époux qu'au profit des enfants à naître du mariage , qui , en cas de prédécès de l'époux donataire, la recueillent en qualité de substitués vulgaires. Elle est caduque , si l'époux donataire meurt sans postérité avant le donateur. (1089).

§ 4. — *Donation faite sous condition potestative de la part du donateur.*

En droit commun, toute donation subordonnée à l'accomplissement d'une condition potestative de la part du donateur est nulle (944); il en est de même lorsqu'elle est faite sous la condition que le donataire acquittera les dettes contractées par le donateur postérieurement à la donation (945).

Le législateur a établi une dérogation à ce droit en faveur des donations par contrat de mariage. Aux termes de l'art. 1086, la donation par contrat de mariage en faveur des époux et des enfants à naître de leur mariage peut être faite sous des conditions dont l'exécution dépend de la volonté du donateur, ou sous la condition de payer indistinctement toutes les dettes et charges de la succession, ou enfin avec réserve de la part du donateur de disposer d'un effet compris dans la donation de ses biens présents, ou d'une somme fixe à prendre sur ces mêmes biens. Dans ce dernier cas, l'effet ou la somme, s'il meurt sans en avoir disposé, seront censés compris dans la donation et appartiendront au donataire ou à ses héritiers.

En terminant ce que nous avions à dire sur les donations faites en faveur du mariage, il est indispensable d'ajouter que ces donations ne sont point soumises à la formalité de l'acceptation expresse (art. 1087); qu'elles ne sont point révocables pour cause d'ingratitude (art. 959); qu'elles sont caduques si le mariage en considération duquel elles ont été faites ne s'ensuit pas (art. 1081), et si le donateur survit à l'époux donataire et à sa postérité, à moins que la donation n'ait eu pour objet des biens présents (1089), et enfin qu'elles sont, lors de l'ouverture de la succession du donateur, réductibles à la portion dont la loi lui permet de disposer (art. 1090).

CHAPITRE II.

Dispositions entre époux, soit par contrat de mariage, soit pendant le mariage.

Les règles établies par les donations entre époux varient suivant que ces donations sont faites par contrat de mariage ou pendant le mariage. Nous allons donc examiner successivement ces deux espèces de donation ; puis nous parlerons de la quotité disponible entre époux, et enfin des donations indirectes, déguisées, ou faites à des personnes interposées.

§ 1er. — *Donations entre époux par contrat de mariage*

Les époux peuvent, par contrat de mariage, aux termes de l'art. 1091, se faire réciproquement, ou l'un des deux à l'autre, telle donation qu'ils jugent à propos, toutes celles par conséquent qu'un tiers est autorisé à leur faire, c'est-à-dire, soit une donation de biens présents, soit une donation de biens à venir, soit une donation cumulative de biens présents et à venir, soit enfin une donation sous des conditions potestatives de la part du donateur.

La donation de biens présents, faite entre époux par contrat de mariage, n'est point censée faite sous la condition de survie du donataire, si cette condition n'est formellement exprimée. Ainsi, qu'il meure avant, qu'il meure après le donateur, les biens donnés passent à ses héritiers, quels qu'ils soient, à moins de stipulation ou de condition de survie ou de retour. Cette donation est, du reste, soumise aux mêmes règles et aux mêmes formes que celles prescrites par la loi pour les donations de même nature faites par un tiers.

Les donations de biens à venir ou de biens présents et à venir faites entre époux par contrat de mariage sont régies par les règles tracées dans l'art. 1082 pour les donations de biens à venir , et dans les art. 1083 et 1084 pour les donations cumulatives de biens présents et à venir , sauf deux dérogations :

1o Les donations entre époux par contrat de mariage sont caduques par cela seul que l'époux donateur survit à l'époux donataire ; car elles ne sont point présumées faites au profit des enfants à naître du mariage ;

2o Elles ne sont point révocables pour survenance d'enfants.

Les mineurs capables de contracter mariage sont par cela même capables de faire toutes les stipulations qui sont propres à le favoriser : *Habilis ad nuptias , habilis ad pacta nuptiarum.* Toutefois , afin de les protéger contre leur faiblesse ou leur inexpérience, la loi veut qu'ils soient assistés, non pas de leur tuteur , mais des personnes dont le consentement est nécessaire pour la validité de leur mariage.

§ 2. — Donations entre époux pendant le mariage.

Les donations entre époux pendant le mariage peuvent , comme les précédentes , comprendre des biens présents , des biens à venir , cumulativement des biens présents et à venir, et être faites sur conditions potestatives de la part du donateur.

Toutefois , il existe entr'elles plusieurs différences :

1o Les donations entre époux , pendant le mariage , sont toujours essentiellement révocables. La loi a voulu ménager ainsi une ressource à l'époux qui n'avait peut-être consenti à se dépouiller que parce qu'il était sous l'empire de la crainte ou d'un amour aveugle et irréfléchi. La révocation peut être expresse ou tacite. La femme mariée peut faire cette révocation sans l'autorisation de son mari ou de la justice ;

2o Elles sont soumises à la formalité de l'acceptation , l'art. 1087 ne s'appliquant qu'aux donations faites par contrat de mariage :

3o Elles deviennent caduques par le prédécès du donataire.

A part ces différences , les règles générales prescrites pour les donations entre-vifs ordinaires sont applicables à ces donations. Ainsi , elles doivent être faites devant notaire, l'acte qui en est dressé doit être fait en minute et contenir la mention expresse de l'acceptation; transcrites, quand elles comprennent des immeubles, accompagnées d'un état estimatif quand elles ont des meubles pour objet. L'époux mineur ne peut les faire lors même qu'il serait âgé de plus de seize ans.

Les époux ne peuvent pendant le mariage se faire, ni par actes entre-vifs, ni par testaments , aucune donation mutuelle et réciproque par un seul et même acte. Le législateur a fait ici l'application de la règle prescrite par l'article 968 et a exigé que les donations mutuelles et réciproques fussent, pour être valables , faites par deux actes séparés.

§ 3. — *Quotité disponible.*

On ne peut connaître et fixer le chiffre de la quotité disponible entre époux qu'au jour du décès du donateur. On considère d'un côté l'état de sa fortune à cette époque ; d'un autre, la quotité et le nombre des parents appelés à sa succession. Peu importe au reste que les libéralités aient été faites par contrat de mariage ou pendant le mariage , par acte entre vifs ou par testament , le quantum de la quotité disponible est toujours le même.

Pour le déterminer, la loi prévoit trois hypothèses :

Première hypothèse. — L'époux donateur meurt sans enfants , laissant un ou plusieurs ascendants.

La loi, dans ce cas , permet à l'époux disposant de donner à son conjoint tout ce qu'il aurait pu donner à un étranger , et en outre, l'usufruit de la totalité des biens dont elle prohibe la disposition au préjudice des ascendants, c'est-à-dire , d'une part, la moitié ou les trois quarts en toute propriété suivant qu'il a laissé des ascendants dans les deux lignes ou dans l'une d'elles seulement (art. 915), et de l'autre, l'usufruit de la moitié ou des trois quarts formant la réserve des ascendants.

Cette disposition est fort bizarre : on a peine , en effet, à comprendre comment l'ascendant auquel la loi assure une réserve, peut se trouver privé de la jouissance même de cette portion qui lui était attribuée comme dernière ressource, représentative en quelque sorte du droit qu'il aurait de demander des aliments à l'époux prédécédé; mais la loi est formelle sur ce point (art. 1094).

Dans cette première hypothèse le conjoint est traité plus favorablement qu'un étranger, la quotité disponible est à son égard plus forte que la quotité disponible ordinaire.

Deuxième hypothèse. — Le donateur a laissé des enfants issus de son mariage avec le donataire.

L'art. 1094 accorde dans ce cas à l'époux donateur, la faculté de disposer en faveur de son conjoint d'un quart en pleine propriété et d'un autre quart en usufruit, ou de la moitié en usufruit seulement. Ici se présente une intéressante question qui a divisé et qui divise encore la doctrine. Cette question est celle-ci : La quotité disponible entre époux est-elle ou non extensive de la quotité disponible ordinaire? Sans entrer ici dans les nombreuses controverses qu'a fait naître l'interprétation de cette partie de la loi, et nous basant sur les opinions émises par MM. Benech, Valette, Demante, Duranton, nous estimons que l'article 1094 est un article de faveur, qui, par conséquent, peut être négligé lorsque le droit commun est plus favorable que le droit spécial qu'il établit, et que la quotité disponible entre époux est extensive de la quotité disponible ordinaire, en ce sens que l'époux peut dans tous les cas, donner à son conjoint autant qu'il aurait pu donner à un étranger.

La disposition de l'article 1094 semble renfermer une alternative ridicule. En effet, après avoir permis de donner deux quarts, l'un en pleine propriété, l'autre en usufruit, la loi nous dit qu'un conjoint peut, s'il le préfère, donner à son conjoint deux quarts en usufruit seulement. Etait-il besoin d'accorder expressément cette faculté? Le plus ne contient-il pas le moins? Voici quelle a été la pensée de la loi : elle a voulu, non pas permettre de disposer de la moitié des biens en usufruit, car cela n'était pas nécessaire, mais défendre de donner plus de la moitié en usufruit.

Troisième hypothèse. — Le donateur a laissé des enfants d'un précédent mariage.

L'art. 1098 ne permet à celui qui, ayant des enfants d'un autre lit, contracte un second ou subséquent mariage, de donner à son nouvel époux qu'une part d'enfant légitime le moins prenant, sans que, dans aucun cas, ces donations puissent excéder le quart des biens. Ces mots, *le moins prenant*, signifient que la part que peut recevoir le nouveau conjoint se calcule, non pas sur la part de l'enfant préciputaire, mais sur celle de l'enfant qui a le moins.

Que faut-il décider lorsqu'une personne ayant des enfants d'un précédent mariage, a contracté successivement plusieurs mariages ? Peut-elle donner à chacun de ses nouveaux conjoints une part d'enfant ? Pothier pense que tous les conjoints réunis ne peuvent recevoir qu'une part d'enfant.

§ IV. — *Donations indirectes déguisées, ou faites à personnes interposées.*

Après avoir déterminé dans quelles limites les libéralités sont permises entre époux, le législateur, afin de prévenir les fraudes qui peuvent être pratiquées pour éluder les dispositions de la loi, défend aux époux (art. 1091) de se donner indirectement au-delà de ce qui leur est permis par les art. 1094 et 1098. Il frappe même de nullité toute donation déguisée, ou faite à personnes interposées.

Ainsi, lorsque les époux se sont fait indirectement des libéralités qui dépassent la quotité disponible, elles sont réductibles à cette quotité ; dans le cas où ces libéralités ont été déguisées ou faites à personnes interposées, elles sont nulles pour le tout, soit qu'elles dépassent, soit qu'elles ne dépassent pas la quotité disponible. Tous les moyens de preuves sont ouverts aux intéressés pour établir l'interposition de personnes : la preuve écrite, la preuve testimoniale, de simples présomptions, l'aveu et le serment. Dans plusieurs cas même, la loi établit à leur profit une présomption qui les dispense de toute autre preuve et contre laquelle nulle preuve contraire n'est admise. On lit en effet dans l'art. 1100 : « Seront réputées faites à personnes interposées les dona- » tions de l'un des époux aux enfants ou à l'un des enfants de l'au- » tre époux issus d'un autre mariage, et celles faites par le donateur » aux parents dont l'autre époux sera héritier présomptif au jour de la » donation, encore que ce dernier n'ait point survécu à son parent do- » nataire. »

QUESTIONS.

1º Le donateur de biens à venir peut-il substituer l'un des enfants à naître, à l'exclusion des autres, ou bien les substituer pour des parts inégales ? — Non.

2º Dans la donation cumulative de biens présents et à venir, le do- nateur conserve-t-il, sans qu'il ait besoin de faire aucune réserve à cet égard, l'administration et la jouissance de tous ses biens ? — Oui.

3º Les donations de biens présents, faites sous des conditions potesta- tives de la part du donateur, peuvent-elles être faites autrement que par contrat de mariage ? — Non.

4º Les donations en faveur du mariage sont-elles réductibles quand elles dépassent la quotité disponible ? — Oui.

5º La condition de survie peut-elle être stipulée par les donations faites entre époux par contrat de mariage ? — Oui.

6o L'époux mineur, même âgé de plus de seize ans , peut-il faire des donations à son conjoint pendant le mariage ? — Non.

7o Si le conjoint du donateur est, au moment de la donation, l'héritier présomptif de la personne désignée comme donataire dans l'acte de donation , la présomption d'interposition produit-elle son effet, encore qu'il ne survive point au donataire ? — Oui.

Droit Commercial.

Faillites et Banqueroutes.

DISPOSITIONS GÉNÉRALES.

Art. 437. — *De la déclaration de faillite et de ses effets.*

(Art. 458 et 445.)

La faillite est l'état dans lequel tombe un commerçant qui, par suite du dérangement de ses affaires, a cessé ses paiements.

Nous ne saurions trouver l'origine du droit des faillites chez les divers peuples de l'antiquité. Leurs lois rendaient fort dures les conditions des débiteurs et les soumettaient à des moyens de libération souvent horribles. A Rome , les droits du créancier sur son débiteur dépassaient tout ce que l'imagination peut inventer de plus cruel : témoin la loi des douze tables. Cependant ces lois furent abolies ; mais néanmoins la position des débiteurs commerçants ou ordinaires ne laissa pas que d'être fort cruelle.

C'est dans les républiques italiennes du moyen-âge qu'a pris naissance ce droit de faillites , et c'est de là qu'il s'est introduit chez nous par l'ordonnance sur les faillites rendue en 1693 , qui a servi de règle jusqu'à l'émission du Code de 1808. Depuis, la loi du 28 mai 1838 est venue remplacer celle de 1808, et c'est elle qui nous régit actuellement.

Nous parlerons d'abord de la déclaration de faillite ; nous nous occuperons ensuite des effets de cette déclaration.

Déclaration de faillite.

La cessation de paiements étant une des conditions essentielles de l'état de faillite , il faut déterminer ce que le législateur a voulu entendre par ces mots *cessation de paiements*, et de quels paiements non effectués il a voulu parler.

Pour constituer une cessation de paiements , il faut que le refus de payer soit patent , que tous les actes du commerçant constatent l'impossibilité d'acquitter ses engagements de commerce ; il faut , par exemple , qu'il y ait refus , sans motif, de payer un compte arrêté ou une livraison de marchandises faite au comptant , qu'il y ait encore saisie ou vente des meubles, emprisonnement du débiteur.

Le commerçant ne peut être déclaré en faillite pour ses dettes autres que ses engagements de commerce. Ainsi , il n'y aurait pas cessation de paiement, dans le sens de la loi, s'il y avait refus ou retard d'acquitter des dettes non commerciales , alors même qu'on aurait dirigé contre le commerçant des poursuites à l'égard de ces dettes. Il résulte de là, que si un commerçant vient à être exproprié à la suite de défaut de paiement d'une dette non commerciale , l'ouverture de la faillite ne peut remonter à l'époque de l'expropriation.

La simple suspension de paiement ne suffit pas pour constituer l'état de faillite , il faut qu'il y ait cessation complète ; la suspension n'équivaut donc pas à la cessation; on peut suspendre, en effet, ses paiements pour les reprendre ensuite; on peut être gêné momentanément sans cesser pour cela d'être solvable. Le commerçant peut, lors de la rentrée de ses fonds, indemniser ses créanciers du retard qu'il a mis à les payer, et ceux-ci ont même intérêt à ne pas exercer contre lui des poursuites rigoureuses qui n'aboutiraient qu'à le faire tomber en faillite et à le mettre dans l'impossibilité de satisfaire à ses engagements.

Avant de parcourir les formalités relatives à la déclaration de faillite, nous établirons les différences qui existent entre la faillite et la banqueroute.

La banqueroute est toujours le résultat du dol et de la faute du débiteur, tandis que la faillite est causée par quelque perte ou accident majeur et indépendamment de la volonté du failli.

Le simple particulier étranger à la profession de commerçant ne pouvant payer les effets qu'il a souscrits, est soumis aux règles du droit ordinaire et n'est point protégé par les lois commerciales.

Les articles 437 à 442 nous indiquent les formalités auxquelles est assujetti le failli, après la cessation de ses paiements.

Tout failli est tenu, dans les trois jours de la cessation de ses paiements, d'en faire la déclaration au greffe du tribunal de commerce de son domicile. Le jour de la cessation de paiements est compris dans les trois jours. La déclaration du failli doit être accompagnée du dépôt du bilan ou contenir l'indication des motifs qui empêchent le failli de le déposer; le bilan doit être certifié valable, daté et signé par le débiteur.

La faillite est déclarée par jugement du tribunal de commerce; ce jugement est exécutoire provisoirement; il fixe l'époque à laquelle a eu lieu la cessation de paiements. A défaut de détermination spéciale, la cessation de paiements est réputée avoir eu lieu à partir du jugement déclaratif de la faillite. Ce jugement doit être rendu public par affiches et par insertion dans les journaux, tant du lieu où la faillite a été déclarée que dans tous les lieux où le failli a des établissement commerciaux.

Effet de la déclaration de faillite.

Le failli, à partir de la date du jugement déclaratif de faillite, est dessaisi de l'administration de tous ses biens ; cependant il en conserve la propriété. Ce dessaisissement s'opère par cela seul que l'état de faillite existe, et le tribunal ne pourrait en affranchir le failli. Il a pour objet de conserver aux créanciers leur gage jusqu'à ce qu'on prenne des mesures définitives dans l'intérêt de tous.

L'administration des biens du failli passe au syndic ; c'est contre lui que sont intentées les actions mobilières et immobilières. Ainsi, on considérerait comme nul un jugement obtenu contre le failli personnellement, depuis la déclaration de faillite, même par un créancier ignorant l'existence du jugement déclaratif de faillite.

Le failli est non-seulement dessaisi des biens dont il était propriétaire à l'époque de la déclaration de la faillite, mais encore de ceux qui pourront lui advenir tant qu'il est dans cet état. Le dessaisissement n'empêche pas cependant le failli de se livrer postérieurement au commerce, ni d'acquérir des biens, ni de faire de nouvelles dettes. C'est aux personnes avec lesquelles il s'oblige, à prendre des precautions. Aux yeux de la loi elles sont censées connaître l'état du failli qui a été comme certifié au public et accompagné d'une grande notoriété par les formalités prescrites par l'article 442. Il y a faute, sans nul doute de la part du failli de n'avoir pas prévenu ceux avec qui il s'obligeait ; malgré cela ces nouveaux créanciers ne sont point recevables à réclamer à la masse formée dans l'intérêt des créanciers antérieurs à la faillite. Les créanciers postérieurs à la faillite n'ont donc aucun droit aux biens antérieurs : les bénéfices même faits par le failli depuis sa faillite ne leur appartiennent pas.

Le dessaisissement produit aussi des effets à l'égard des créanciers de la faillite. Il fixe leur position de manière que nul d'entr'eux ne peut acquérir des droits particuliers au préjudice de la masse, et que des actes conservatoires ne sont plus nécessaires pour assurer leurs droits existants au moment de la faillite. Ainsi, un créancier hypothécaire n'a plus besoin de renouveler son inscription qui subsistait lors de l'ouverture de la faillite.

Un des effets très-importants du jugement déclaratif de faillite, est de rendre exigibles à l'égard du failli les dettes passives non échues. C'est une conséquence directe de l'article 1188 du Code Napoléon, qui veut que le débiteur ne puisse plus réclamer le bénéfice du terme lorsqu'il a fait faillite. Le terme, en effet, n'est accordé au débiteur qu'en raison de la confiance qu'inspire sa solvabilité ; si cette solvabilité est détruite, le terme doit s'évanouir. Il devient urgent pour les créanciers, de se faire payer en concurrence avec les autres, sinon ils courraient le risque de ne plus trouver de biens.

Cette exigibilité s'étend sur les créances privilégiées ou garanties par nantissement, ainsi que les dettes hypothécaires. Elle a même pour résultat, lorsque le failli est souscripteur d'un billet à ordre, accepteur d'une lettre de change, ou tireur à défaut d'acceptation, de donner au créancier le droit de réclamer le paiement à ceux qui se sont obligés avec le failli, à moins qu'ils ne donnent caution pour le paiement à l'échéance.

En vertu de ce principe, on peut attaquer tous les signataires d'une lettre de change. Cependant on distingue les obligés principaux des obligés secondaires, et on a décidé que, lorsque l'obligé principal tombe en faillite, tous les autres signataires peuvent être contraints ou de payer à l'instant, ou de fournir caution; et que lorsque l'obligé accessoire tombe en faillite, on ne peut avoir immédiatement recours contre les autres signataires.

Enfin, le jugement déclaratif de faillite arrête, à l'égard de la masse seulement, le cours des intérêts de toute créance non garantie par un privilége, par un nantissement ou par une hypothèque.

Cette disposition de la loi ne déroge pas aux principes du droit civil ; elle continue à accorder, même en matière de faillite, une préférence aux créanciers privilégiés ou hypothécaires et vient à l'appui des articles 2094 et 2166 du Code Napoléon, qui accordent aux créanciers, ayant privilége ou hypothèque, une préférence sur les autres créanciers, et le droit de suivre les immeubles du débiteur en quelques mains qu'ils passent.

QUESTIONS.

1o La faillite d'un commerçant peut-elle être déclarée après son décès, lorsqu'il est mort en état de cessation de paiements ? — Oui.

2o La faillite peut-elle être déclarée par un jugement rendu d'office par un tribunal de commerce ? — Oui.

3o Les sociétés anonymes peuvent-elles être déclarées en faillite ? — Oui.

4o Le tribunal peut-il, lorsqu'il le juge convenable, recevoir le failli partie intervenante dans les actions mobilières ou immobilières intentées contre le syndic ? — Oui.

Droit Administratif.

Quel est le caractère dominant du contentieux administratif?

Le pouvoir exécutif se divise en pouvoir exécutif pur et administration active.

Le pouvoir exécutif pur constitue l'action gouvernementale ; l'administration active protège les intérêts généraux de la société en surveillant l'action de chaque citoyen.

L'administration active se subdivise en administration active au *premier chef* ou *pouvoir gracieux*, et administration active au *second chef* ou *pouvoir contentieux*.

L'administration active est toujours en contact avec les citoyens : au premier chef, elle touche seulement leurs intérêts et provoque leurs réclamations ; au second chef, elle blesse leurs droits. Un recours est alors ouvert contre ses décisions.

Pour bien comprendre la différence qui existe entre le pouvoir gracieux et le pouvoir contentieux, il importe de dire quel est le sens que nous attachons aux deux mots *intérêt*, *droit*.

En droit civil, intérêt est synonyme de droit : il donne naissance à une action que l'on peut porter devant les tribunaux.

En droit administratif, au contraire, l'intérêt est l'absence du droit.

L'intérêt naît de l'avantage que peut retirer tel individu d'une mesure administrative ou du désir d'obtenir une gratification, une faveur spéciale ; d'un démembrement de l'utilité générale, à l'avantage de l'utilité particulière : l'administration peut, dans ces divers cas, froisser cet intérêt et refuser ce qui est demandé, sans que ce recours produise un recours contentieux.

Les droits doivent être envisagés sous deux points de vue : 1° comme droits proprement dits ou primitifs ; 2° comme droits acquis.

Le droit proprement dit est celui qui est inhérent à la qualité de propriétaire et à la qualité de Français ou de citoyen Français. Tout acte administratif qui modifie, qui altère ce droit, donne ouverture à un recours contentieux.

Le droit acquis est celui qui résulte d'un acte administratif purement discrétionnaire. L'administration pouvait le refuser, mais elle l'a accordé : la rétractation de cet acte, sans motif légitime, renferme la violation d'un droit acquis : la discussion est alors contentieuse.

La plupart des auteurs, qui ont écrit sur le Droit Administratif, n'ont pas déterminé d'une manière certaine le caractère du contentieux administratif. M. de Cormenin, dont les connaissances en Droit Administratif ne sauraient être contestées, n'a rien précisé à ce sujet. M. Macarel n'a pas été plus heureux, quoiqu'il soit remonté à la loi Romaine; et tout ce qu'il a écrit se résume en ces mots : qu'il n'y a pas d'actes contentieux par leur nature et leur essence, mais que les actes gracieux deviennent contentieux, s'il y a réclamation. M. de Gérando, négligeant de définir le mot intérêt, et quelle différence il y a entre l'intérêt et le droit, n'ose établir aucune différence.

La diversité d'opinions des auteurs , et l'incertitude qui règne dans leurs doctrines , fait comprendre la nécessité d'une formule pour bien déterminer le caractère du contentieux administratif. Nous le résumerons en cette proposition : *L'intérêt spécial émanant de l'intérêt général, discuté , en contact avec un droit privé.*

Nous allons donner d'abord l'explication de cette formule , puis nous l'appliquerons à certaines matières.

§ 1er. — *Explication de la formule.*

L'intérêt général se rattache toujours à l'intérêt de la société. Pour la société , l'intérêt c'est le droit, et le pouvoir administratif n'est compétent qu'autant que la société , l'ordre social , l'intérêt de tous sont engagés dans la question.

Par intérêt spécial , nous entendons un démembremnnt de l'intérêt général : e'est, en d'autres termes, cet intérêt général s'appliquant à un cas particulier.

Nous avons employé ces expressions *intérêt spécial émanant de l'intérêt général*, parce que l'intérêt général seul , dans son abstraction généralisatrice , ne peut jamais se trouver en discussion avec un droit privé; il n'appartient qu'au pouvoir législatif et au pouvoir exécutif pur de régler et de diriger cet intérêt général.

Par ces mots : discuté , en contact avec un droit privé, nous avons voulu faire entendre que la discussion produit seule le contentieux. Ainsi, supposons que , pour un travail d'intérêt général , pour la construction d'un pont, par exemple , on ait besoin de prendre le sable d'un propriétaire voisin ; si celui-ci consent à le donner moyennant une somme déterminée, il n'y a pas de contentieux , bien qu'il s'agisse d'un acte administratif touchant un droit privé ; mais s'il discute le prix offert , et que l'administration ne veuille pas céder, il y a contentieux.

Il nous reste à expliquer ce que nous entendons par droit privé. On ne doit pas comprendre seulement dans les droits privés de droit des particuliers, tels que les droits inhérents à la qualité de propriétaire ou droits inhérents à la personne, ou bien encore droits acquis, mais aussi les droits appartenant aux personnes morales, départements, communes, établissements publics, associations.

La formule dont nous venons d'expliquer les termes, peut toujours fournir le moyen de reconnaître s'il y a ou non contentieux administratif. Toutes les fois, par conséquent, que, dans une matière, on trouvera réunies les quatre conditions exigées : intérêt spécial, intérêt général, discussion et droit privé, il y aura nécessairement matière contentieuse administrative.

Cependant on trouve des matières qui, quoique réunissant tous les caractères que nous venons d'énumérer, sont attribuées à l'administration active au premier chef ou pouvoir gracieux : c'est alors *un déclassement légal*, et l'exception édictée par le législateur vient confirmer le principe de la doctrine.

§ 2. — *Application de la formule.*

Il nous reste à appliquer maintenant les formules du contentieux administratif.

En matière de travaux publics, par exemple, on construit des routes, des canaux, des chemins de fer ; c'est bien là une question d'intérêt général.

L'intérêt spécial surgit à raison de telle route, tel canal, tel chemin de fer en voie d'exécution. Cet intérêt spécial ressort avec plus d'évidence encore lorsque les adjudicataires ont besoin soit d'extraire du sable d'un champ voisin, soit de déposer leurs pierres, leurs bois sur des propriétés qui ne leur appartiennent pas.

Nous retrouvons *l'intérêt spécial discuté* lorsqu'il y a contestation entre l'adjudicataire et l'état, sur les travaux faits par l'adjudicataire, ou bien lorsqu'il s'agit de l'indemnité demandée contre l'état ou contre les adjudicataires par les propriétaires qui ont souffert un dommage par suite des travaux.

Le droit privé existe en faveur de l'adjudicataire qui dépense une partie de sa fortune à confectionner les travaux et a droit à en recevoir un juste équivalent et aussi en faveur des propriétaires qui ont eu à éprouver un préjudice quelconque.

Tous les caractères de la formule se trouvant réunis, nous n'hésitons pas à déclarer que les travaux publics doivent donner lieu au contentieux administratif.

On ne doit pas confondre les travaux publics avec les marchés publics ; les travaux publics tiennent au sol, les marchés publics sont des adjudications de fournitures pour le compte de l'Etat.

L'intérêt général est tout aussi directement intéressé en matière de marchés publics, qu'en matière de travaux publics.

L'intérêt spécial naît de l'adjudication, de l'exécution, de l'interprétation des marchés et fournitures.

Il y a discussion si, par exemple, l'Etat veut résilier le marché qu'il a conclu avec le fournisseur. Le *droit privé* est ici le même que pour les travaux publics. L'industrie d'un citoyen, son temps, ses capitaux engagés, tout cela constitue un droit qui ne peut pas être impunément froissé et qui doit ouvrir le recours contentieux.

QUESTIONS.

Le retrait de concession de mines, pour quelque motif qu'il soit opéré, est-il un acte du pouvoir contentieux ? — Oui.

L'intérêt privé froissé produit-il le contentieux lorsqu'il n'y a pas violation d'un droit privé ? — Oui.

Le recours contentieux peut-il être admis contre une décision du ministre de la guerre qui autorise une retenue sur le traitement d'un mari militaire au profit de sa femme et de ses enfants ? — Oui.

Cette Thèse sera soutenue, en séance publique, dans une des salles de la Faculté, le 10 mai 1858.

Vu par le Président de la Thèse,

CHAUVEAU-ADOLPHE.

Imprimerie Troyes OUVRIERS RÉUNIS, rue Saint-Pantaléon, 5

www.ingramcontent.com/pod-product-compliance
Lightning Source LLC
Chambersburg PA
CBHW061743060726
47597CB00007B/2736